Quick Guide to Dominican Spanish

Language Babel, Inc.

Copyright ©2013 by Language Babel, Inc. All rights reserved.
Published by Language Babel, Inc., San Juan, Puerto Rico.

No part of this publication may be reproduced, stored in a retrieval system, or transmitted in any form or by any means, electronic, mechanical, photocopying, recording, scanning, or otherwise, except as permitted under Section 107 or 108 of the 1976 United States Copyright Act, without either the prior written permission of the author and the Publisher. Requests to the Publisher for permission should be addressed to Language Babel, Inc., 1357 Ashford Ave., PMB 384, San Juan, PR 00907 or by e-mail to *info@speakinglatino.com*.

Limit of Liability/Disclaimer of Warranty: While the publisher and author have used their best efforts in preparing this book, they make no representations or warranties with respect to the accuracy or completeness of the content. You should confer with a language professional when appropriate. Neither the publisher nor author shall be liable for any loss of profit or any other commercial damages, including but not limited to special, incidental, consequential, or other damages.

For ordering information or special discounts for bulk purchases, please contact Language Babel, Inc. 1357 Ashford Ave., PMB 384, San Juan, PR 00907 or by e-mail to *info@speakinglatino.com*.

Printed in the United States of America by Language Babel, Inc.

ISBN-10: 0-9838405-6-3 (paperback)
ISBN-13: 978-0-9838405-6-5
Printed in the United States of America by Language Babel, Inc.
Version 1.1

PRESENTATION

This quick guide of words and phrases from the Dominican Republic will help you better understand this Caribbean country. The collection of more than 500 terms and sayings will help you become familiar with the richness of Dominican Spanish. It includes colloquially used words and some dirty ones too!

Each term has been defined in English and synonyms and antonyms are included when available. There are also more than 400 example sentences. Each entry is presented as follows:

> **agarrar:** 1) to leave 2) to grab something
> SYN: tomar, irse apresuradamente
> ANT: quedarse, dejar, soltar, irse, volado
> ✐ *1) Ella agarró y se fue. 2) Ella me agarró por la mano.*

Abbreviations and Symbols:
SYN: synonyms or similar words
ANT: antonyms
✐ example sentence

PRESENTACIÓN

Esta guía rápida de palabras y frases de la República Dominicana te ayudará a entender mejor el habla de este país caribeño. La recopilación de más de 500 términos y dichos te ayudará a familiarizarte con la riqueza del español dominicano e incluye coloquialismos sin dejar fuera algunos vulgarismos.

Cada término ha sido definido en inglés y, en la mayoría de los casos, se han incluído sinónimos, antónimos y más de 400 ejemplos de uso. Las entradas están presentadas de la siguiente manera:

> **agarrar:** 1) to leave 2) to grab something
> SYN: tomar, irse apresuradamente
> ANT: quedarse, dejar, soltar, irse, volado
> ✐ *1) Ella agarró y se fue. 2) Ella me agarró por la mano.*

Abreviaturas y símbolos:
SYN: sinónimos o palabras similares
ANT: antónimos
✐ Oración de ejemplo

Spanish Words & Phrases from The Dominican Republic

A

a la brigandina: to do something just to get it done, to do something without thinking about the consequences
SYN: rápido, para salir del paso, malhecho, aloqueteado, impulsivamente, desorganizado
ANT: bueno, excelente, buena terminación, organizado, pensativo, maduro
✐ *Ella hizo eso a la brigandina.*

a lo cara de vaquero: to do something quickly
SYN: rápido, mediocre, forzado
ANT: bien hecho, exitoso, perfeccionista, perfecto
✐ *Ella hizo eso a la cara de vaquero.*

abanico: a fan
SYN: ventilador
ANT: calefacción
✐ *Apaga el abanico por favor, hace frío.*

ABANICO

abimbar: 1) smack, hit, beat up 2) to fill a container until it's about to overrun
SYN: 1) trompón, hinchado 2) lleno, sobrellenar, explotar
ANT: 1) sobar 2) vacío, vaciar, flojo
✐ *1) Me abimbó en el estómago. 2) Ella abimbó ese envase.*

abombao: full
SYN: abombado, jarto
ANT: hambriento, flaco, seco, vacío
✐ *Comí tanto que quedé abombao.*

abombarse: when fruits and/or water are going bad, spoil

SYN: podrido
ANT: fresco
🖋 *La fruta que compraste está abombada.*

abrazadera: to hug frequently or a lot
SYN: acariciar, abarcar, comprender, incluir
ANT: aflojar, soltar, empujar
🖋 *Ella le dio con la abrazadera ahora.*

acabar: trash talk someone
SYN: criticar, chismear
ANT: elogio
🖋 *Ella me estaba acabando.*

acabóse: a crazy, out-of-control party or a large disorder or scandal
SYN: desorden, escándalo, fiesta, motín
ANT: orden, tranquilidad
🖋 *¡Esa fiesta fue un acabóse ayer!*

acelerado: a fast-paced person
SYN: rápido, con prisa, apurado
ANT: lento, al paso, despacio, con tiempo
🖋 *¡Ella quiere hacer todo rápido, es una acelerada!*

acotejar: 1) to organize objects 2) to get comfortable in an area 3) to agree upon something 4) co-habitate, live together as a couple
SYN: cómodo, arreglar, acomodarse, organizar
ANT: desorganizar, desacomodar, desarreglar, incomodar
🖋 *1) Ella acotejó los objetos arriba de la mesa. 2) Ella se acotejó en el sofá.*

¡adió!: wow, expression used to show awe
SYN: adios, wow, ohh,

ah bueno
🖉 *¡Adió, tu si estás rara hoy!*

afanar: to hurry someone into doing something
SYN: afán, apurar, apresuradamente, presionar, desesperar
ANT: calmadamente, despacio, cuidadosamente

afrentoso: meddler, busybody
SYN: entrometido
🖉 *Ese afrentoso está buscando pelea conmigo.*

africochar: to kill or murder with one single shot
SYN: matar
🖉 *Ella africochó al marido anoche.*

agallú: 1) to be ambitious or daring 2) to do or carry too many things at the same time
SYN: agalludo, osado, atrevido, valiente, arriesgada
ANT: tímido, callado, tranquilo, cobarde
🖉 *1) Ella es una agallúa que viajó sola. 2) Ella si es agallúa cogiendo tantas clases.*

agarrar: 1) to leave 2) to grab something
SYN: tomar, irse apresuradamente
ANT: quedarse, dejar, soltar, irse, volado
🖉 *1) Ella agarró y se fue. 2) Ella me agarró por la mano.*

agarre: a fling, a casual relationship, friends with benefits
SYN: saliendo, ligando, conociéndose, hablando
ANT: amores, serios, comprometidos, solteros
🖉 *Nosotros sólo tenemos un agarre.*

agentado: to act more mature/cocky than you should

SYN: privón, maduro, presumido, desvergonzado
ANT: tímido, callado, humilde
✎ Ella es muy agentada para su edad.

agolpiá: a pounding, usually in reference to a fight
SYN: agolpearse, trompada, paliza, fajarse
✎ Ese profe si me quema le voy a dar una agolpiá.

aguacero: a pouring rain
SYN: lloviendo, lloviendo gatos y perros, cayéndose el cielo
ANT: seco, sequía, bonito día
✎ ¡Está cayendo un aguacero!

aguajero: 1) a person who brags a lot but at the end, doesn't live up to his words 2) presumptuous
SYN: cuentista, showsero, jablador, privón, que hace aguaje
ANT: honesto, valiente reservado, tranquilo
✎ Él es tan aguajero.

ahorcar: 1) to be in a tough financial situation, strangled by debt 2) to get married
SYN: 1) deuda, adeudado 2) comprometido, matrimonio, casado
ANT: 1) sin deudas 2) soltero
✎ 1) Ella está ahorcada con esa deuda. 2) Miguel lleva un año ahorcao.

AHORCAR

ahorita: to do something later on, in a while
SYN: después, luego
ANT: ahora, nunca, antes
🖉 *Ella dijo que iba a hacer eso ahorita.*

ajumado: to be drunk
SYN: borracha, ebria, tener una juma
ANT: sobrio, sin tragos
🖉 *Ella se ajuma con una sóla cerveza.*

alcahuete: someone who is a tattler or snitch
🖉 *Ella es tan alcahueta, les cubría su relación.*

aldaba: any Dominican peso
SYN: peso
🖉 *Por favor pásame una aldaba.*

alebrescado or **alebrestado:** extremely excited
SYN: entusiasmado, emocionado, contento, alegre
ANT: triste, desanimado, aburrido
🖉 *Ella anda alebrescada por eso.*

alelao or **alelado:** to be slow of mind or silly
SYN: lento, tonto, bobo
ANT: rápida, inteligente, viva
🖉 *Ella es una niña muy alelá.*

allante or **ayante:** to say that you are going to do things, and then not do them
SYN: mentira, jablador, ostentar, allantar
ANT: honesto, cumplido
🖉 *Ella allantó con que iba a venir.*

allantoso or **ayantoso:** a person that makes promises and commitments, to show how important he is, but in the end

can't produce
SYN: mentiroso, jablador, bultero, ostentoso
ANT: honesto, cumplido
✐ *El dijo que podía entrarnos, que allantoso.*

aloquetiao: to do something very disorganized or crazy.
SYN: desorganizado, loco, sin pensarlo
ANT: organizado, tranquilo
✐ *Ella hizo eso todo aloquetiao.*

amaricado: 1) to act effeminate, queer. 2) a homosexual, a fag
SYN: gay, amanerado
ANT: heterosexual
✐ *Yo creo que el es como amaricado.*

amemao: a slow, dumb person whom you cannot assign any task to because they cannot do anything right
SYN: lento, bruto, tonto
ANT: inteligente, rápido, astuto, acelerado
✐ *No le pongas eso a ella, ella es muy amemá.*

andar cortina: to be broke, to have no money
SYN: estar quebrado, bancarrota
ANT: abonado
✐ *Quiero comer pero ando cortina.*

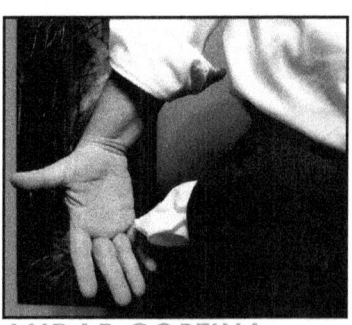
ANDAR CORTINA

añemao or **añemiao:** weak, without strength
SYN: añemado, débil, cansada
ANT: fuerte, animada
✐ *Estoy cansada, me siento muy añemá.*

¡Angelina!: to notice something, it is the equivalent of ¡Ángela María!
SYN: realizar, caer en cuenta
ANT: no darse cuenta
✐ *¡Angelina, ahora fue que caí!*

aniñado: tomboy
SYN: marimacha
ANT: femenina
✐ *Esa niña es medio aniñada.*

¡anjá¡: expression that depending on how it's said it can be admiration, interest, criticism, teasing, enthusiasm or joy, used to show surprise
SYN: así, eso es, ¡aha! ¡ohh!
✐ *¡Anjá! Con qué llegando ahora.*

añoñar: to take care of someone and sort of spoil the person
SYN: cuidar, consentir, mimar
ANT: negligencia, ignorer
✐ *Ella está añoñando demasiado a ese niño.*

añugao: when a person eats too much without drinking any anything and the food gets almost stuck
SYN: trancado, atosigado
ANT: hambrienta
✐ *Comí muy rápido y demasiado, me siento añugá.*

añugar: to eat too fast
SYN: llena, explotándose, jartar, atragantar
ANT: hambriento
✐ *Ella se añugó la comida.*

apeñucado: when there are a lot of people or things in the same place that barely fit
SYN: explotados, juntos, forzados
ANT: espacio,

amplio, cómodos, organizados
🖉 *Están apeñucados ahí.*

ápero: really cool
SYN: chulo, jevi, excelente
ANT: aburrido, malo, desagradable
🖉 *Halo 4 si está ápero.*

apleplado: a dumb person, silly
SYN: lenta, tonta, boba
ANT: inteligente, rápida, astuto
🖉 *Ella es tan apleplada.*

aployar: to squash something or someone
SYN: aplastar, presionar, empujar
ANT: soltar, abrazar
🖉 *¡Me estás aployando!*

aquerosear: trash talk someone to make them feel that are worth nothing
SYN: disminuir, aplastar, humillar
ANT: elogiar, tratar bien, consenter
🖉 *Ella me aqueroseó.*

arretado: brave
SYN: valiente, osado, decidido, arriesgado
ANT: cobarde, aburrido, tranquilo
🖉 *Ella es tan arretada.*

asfixiado or **aficiado:** 1) to be deeply in love 2) stuck in something
SYN: embullado, aficiado, enamorado, atrabancado, loco de amor, tener asfixie, afiseao
ANT: tranquilidad, normal, respirar, desenamorado, desilusionado, desinteresado
🖉 *Ella está asfixiá conmigo.*

asomadera: to be spying on someone
SYN: espiar, mirar,

asomarse
ANT: ignorer
✎ *Ella está en su asomadera.*

asopao: typical Dominican stew made with a lot of rice and some meat
SYN: sopa, arroz caldoso
✎ *Por favor, cocíname un asopao.*

averiguadera: a person that asks a lot of questions to simply gossip about what you answered
SYN: chismosa, preguntona, metida
ANT: honesta, sencilla, reservada
✎ *Ella está con su averiguadera sobre mi vida.*

avión: a whore or slut
SYN: cuero, puta
ANT: reservada, fiel, honesta, tranquila
✎ *Dicen que ella es un avión.*

azarar or **asarar:** to give bad luck to someone
SYN: mala suerte, dañando, embrujando, azarando
ANT: suerte
✎ *Ella me está azarando.*

azaroso or **asaroso:** 1) a person who nags you 2) to tell someone that they gave you bad luck
SYN: 1) molestia, desesperante 2) mala suerte, dañando, embrujando, azarando
ANT: 1) tranquila 2) suerte
✎ *1) Ella es una asarosa. 2) ¡Ella me está asarando mi juego!*

azorado: to be surprised at something, scared
SYN: sorprendido, en "shock," cautivado, asustado
ANT: impasible,

pillado, atrapado
🖉 *Eso me dejó azorado.*

B

baba: when a person starts babbling
SYN: hablador, darle vueltas
ANT: reservado, callado
🖉 *Ella habla mucha baba.*

baboso: a person who talks a lot
SYN: mentiroso, habladoro
ANT: honesto, reservado
🖉 *Ella es una babosa, me voy antes de que llegue.*

bacán or **bacano:** 1) person that is very good at a difficult thing 2) something very cool
SYN: 1) experto, bueno, lo mejor 2) chulo, interesante, jevi
ANT: 1) malo, peor, pésimo 2) aburrido, feo
🖉 *1) Ella es una bacana en eso, llámala para que nos*

ayude. 2) Eso sí está bacano.

bacilar: to party and dance
SYN: bailar, divertirse, salir
ANT: encerrarse, aburrirse
✎ *A ella le encanta bacilar.*

bájale un cambio: slow down
SYN: tranquilízate, despacio, respira, chillea, bájale un do'
ANT: apúrate, rápido, acelera, muévete
✎ *Ella me dijo que le baje un cambio o si no me voy a enfermar.*

bájale un do': to tell someone to calm down or take it easy
SYN: tranquilízate, despacio, respira, chillea, bájale un cambio
ANT: apúrate, rápido, acelera, muévete
✎ *¡Bájale un do' mi hermano!*

bajo: an unpleasant smell, a stench
SYN: mal olor, hedor
ANT: buen olor
✎ *¡Eso tiene un bajo a mierda!*

barsa: a great quantity of something
SYN: mucho, bastante, montón
ANT: pocos, nada
✎ *Había una barsa de chocolates ahí.*

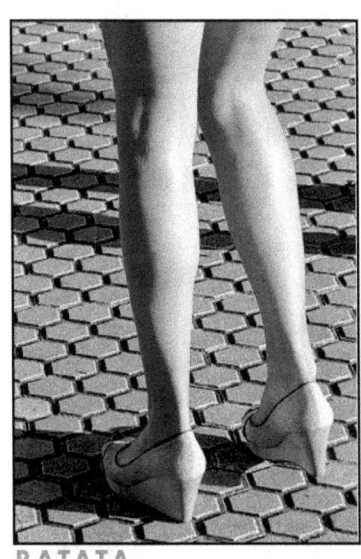

BATATA

batata: calf of a leg
SYN: pantorrilla
✎ *Me dio en la*

batata.

batea: a vase, bucket
SYN: vasija
✐ *Cuidao con esa batea no la vayas a virar.*

batear: to strike, to bat something (baseball).
SYN: dar, batiar
ANT: no darle
✐ *¡Él batió la bola!*

bebentina: to drink too much alcohol, to go boozing
SYN: borrachera, beber
ANT: sobrio
✐ *Ella se fue en bebentina.*

bellaco: 1) a bully 2) someone who is flirty or horny
SYN: 1) travioso, hacer maldades 2) cachonda
ANT: 1) comportado, buena gente
✐ *2) Ella siempre andaba bellaca.*

bembe or **bemba:** to have wide or thick lips
SYN: labios gruesos
✐ *Amy es la que tiene una bemba grande.*

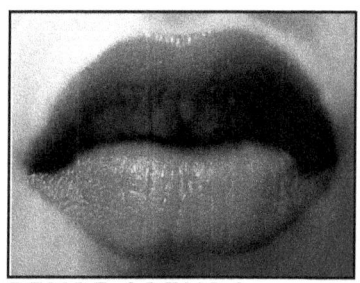

BEMBE / BEMBA

bembón or **bembú:** a person who has very wide or pronounced lips
SYN: bembe, labios
✐ *Me decían bembón en la escuela.*

bimbín or **binbín:** a boy's penis, his wiener
SYN: pene, bimbolo
ANT: vulva, popola
✐ *El bimbín del niño es pequeño.*

bimbolo: a guy's dick

SYN: pene, bimbín
ANT: vulva, popola
✐ *Tenía el bimbolo grande.*

bipear: to call a person and end the call before that person picks up the phone, simply to leave the missed call and wait for them to call back
SYN: llamar, rápidamente, trancar, poner un beeper, bipiar
ANT: hablar, coger, llamadas
✐ *Ella lo bipeó a él y nunca contestó.*

BIZCOCHO

bizcocho: cake
SYN: torta, pastel
✐ *Ella me hizo un bizcocho.*

bobolongo: an airhead
SYN: bruto, lento, torpe
ANT: inteligente, astuto
✐ *Me tocó en el mismo grupo con ella que es una bobolonga.*

boche: to scold someone
SYN: regaño, pelear, enderezar, afrontar
ANT: paz, hablar, pedir
✐ *Le acabo de echar un boche a mi hijo.*

bochinche: a get-together where women start to gossip about everyone
SYN: chismear, juntadera, fiesta
ANT: honestidad, reservado, tranquilo
✐ *¡Vamos a armar un bochinche!*

bochinchero: gossip loving person
SYN: chismoso, peleón, metido
ANT: honesto, reservado
✐ *¡Tu sabes que yo soy tan bochinchera!*

bofre: meat
SYN: carne
✐ *Dame bofre.*

bogotaso: to smack someone in the face
SYN: pegar, trompón, galleta
ANT: suave, acariciar, tocar
✐ *Mi mujer me dio un bogotaso.*

bola: to give someone a ride
SYN: aventón, viajero
ANT: caminar, dejar botado
✐ *¿Me puedes dar una bola?*

bolsa: a person considered to be a "loser"
SYN: loser, idiota, afueriada
ANT: popular, inteligente, viva
✐ *Ella es tan bolsa, mejor ni la llames.*

bonche: party
SYN: fiesta, fiestón, evento
ANT: tristeza, aburrido, soledad
✐ *¡Vamos al bonche de esta noche!*

bonita: a really cold beer
SYN: cerveza, birra
ANT: agua
✐ *Pásame esa bonita por favor.*

boqueburro or **boquepuerco:** stupid, silly person
SYN: tonto, cretino

boquechivo: a person that is either silly or a gossip
SYN: persona chismosa, bruta, tonta, lenta, jabladora
ANT: persona honesta, rápida, inteligente, viva

🖎 *Ella es una boquechivo.*

botella: 1) when a person receives money from the government without actually performing any work 2) the action of several people cutting in to buy something
SYN: 1) persona ladrona, corrupto 2) esfuerzo, conjunto
ANT: 1) honestidad 2) singular, individual
🖎 1) *Ella tiene una botella con el gobierno desde el año pasado.*

brechar: to look at something
SYN: mirar, observar
ANT: ignorar
🖎 *Ella me está brechando desde allá.*

brega: when something is difficult to do
SYN: difícil, trabajoso
ANT: fácil, rápido

🖎 *Eso sí me dio brega.*

bregar: to work or do something
SYN: trabajar, hacer, dificultoso, esmerar
ANT: vago, soltar
🖎 *Voy a bregar con eso ahora.*

breteles: suspenders
SYN: elásticos, tirantes
🖎 *Pásame mis breteles por favor.*

BRETELES

brillar: skipping classes
SYN: ausencia, faltar
ANT: asistir
🖎 *¡Vamos a brillar hoy!*

brogó: authoritarian, dictatorial
SYN: tiránica
ANT: democrática
✐ *Mi mamá se cree brogó desde que me mude a su casa.*

bruja: could be either a witch, or a person who looks like one and typically is considered ugly
SYN: hechicera, fea, narizona, horrible
ANT: santa, linda
✐ *Ella es una bruja.*

bueno: 1) something that is well done 2) someone that is pretty
SYN: 1) bien hecho 2) buenmozo, lindo, precioso,
ANT: 1) mal hecho 2) feo, horrible
✐ *2) Él esta bueno.*

bugarrón: insulting term for gay, specially the one who acts like the man in the relationship
SYN: homosexual, gay, marica, maricón
✐ *Me dijeron que él es un bugarrón.*

bulla: loud noise
SYN: escándalo, alboroto, ruido
ANT: tranquilidad, silencio
✐ *¡La gente está voceando, tienen una bulla!*

bultero: liar
SYN: mentiroso, hablador, cuentista
ANT: honesta, reservada
✐ *Ella es una bultera, te cuenta con lo que te diga.*

bulto: 1) boasting heavily about something, and ultimately not doing it 2) when a person thinks that she/he is all that and really is not
SYN: 1) allantoso, hablador, mentiroso 2) bultero, mentiroso, hablador, prepotente
ANT: reservado,

sencillo, tranquilo, cumplido
🖉 *1) Ella se hizo bulto. 2) Ella se cree que es lo máximo, esa bultera.*

buscapié: a type of fireworks that jumps around or chases your feet
SYN: fuego artificial, petard
🖉 *Vamos a tirar este buscapié.*

buscón: a person who greases the wheels to get what you want
SYN: maleante, delincuente
ANT: renunciar, honesto, trabajador
🖉 *Vamos a pagarle al buscón para resolver más rápido.*

C

caballada: to speak without thinking
SYN: caballá, baboso, disparates
ANT: callado
🖉 *Ella sólo está hablando caballadas.*

cabra: crazy person, eccentric
SYN: loca, demente
ANT: sana, inteligente, normal
🖉 *Ella está loca como una cabra.*

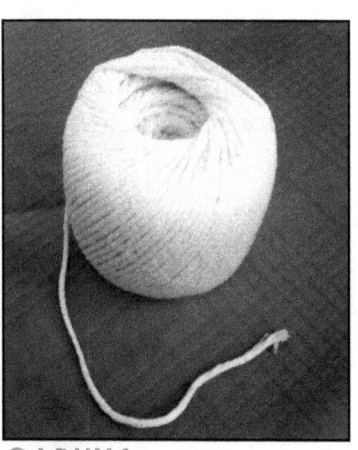

CABUYA

cabuya: a type of string
SYN: cuerda
🖉 *Amárralo con la cabuya que te traje*

ayer.

cacata: 1) ugly and bad tempered women 2) a spider 3) crude term for vagina
SYN: 1) fea, mal character 2) araña 3) cuca, vulva, vagina, toto, popola
🪶 *1) Odio cada vez que una cacata sube una foto feísima. 2) Lo picó una cacata. 3) Su cacata es grande.*

cacazo: hard blow on the head
SYN: golpe, cocotazo
🪶 *Me acabo de dar un cacazo en la cabeza.*

cachaza: 1) dead skin on the sole of the feet 2) having the nerves to do something
SYN: 1) callos 2) osadía, nervios, piel muerta, valor
ANT: 2) pendejo, valiente
🪶 *1) Me tuve que hacer los pies, tenían demasiada cachaza. 2) ¿Tienes la cachaza de venir de nuevo?*

caché or **ta' caché:** looking smooth, good taste
SYN: bonito, jevi
ANT: chopo, bajo
🪶 *Ese carro ta' caché.*

cachimbo: smoking pipe
SYN: pipa

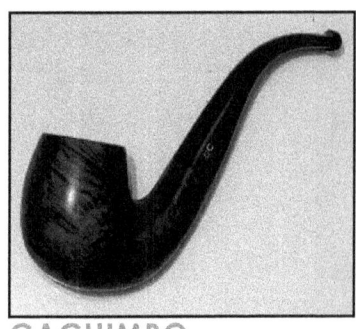

CACHIMBO

cachú: ketchup
SYN: ketchup
🪶 *Me gusta ponerle mucho cachú.*

caco: head
SYN: cabeza, cocote
🪶 *Se dio en el caco.*

cacón: a person who

has a large head
SYN: cabezota, cabezón
✎ *Miguel es un niño cacón.*

caconegro or **caco negro:** cops
SYN: policía
✎ *Aquí vienen los caconegros.*

cacú: a person who has a large head
SYN: cabezota, cabezón, cacón
✎ *Maldito cacú, no me has llamado hoy.*

cagadera: 1) to have strong indigestion problems, or diarrhea 2) to be extremely afraid of something
SYN: 1) diarrea, indigestión 2) asustado, terror, miedo
✎ *1) Ella se fue en cagadera. 2) Ella lo tiene en cagadera.*

cajetazo: 1) a strong blow, often sudden 2) a shot
SYN: 1) golpe, pecozón 2) disparo
✎ *A ella le dieron un cajetazo en la cabeza.*

calembo: a man's very large dick
SYN: pene, bimbolo
✎ *Escuché a un carajito como de 12 años diciendo "yo tengo un calembo."*

callao: 1) a pebble 2) a dance 3) to do something hidden or in secret
SYN: 1) piedra lisa, roca 2) baile, zapateo 3) callado, secreto, silencio
ANT: 3) public
✎ *3) Ellos están saliendo a lo callao.*

canquiña: taffy
SYN: dulce
✎ *Dame canquiña.*

carajito: a snot-nosed kid
SYN: niño, joven, chamaco
ANT: viejo, anciano

✐ *Escuché a un carajito como de 12 años diciendo "yo tengo un calembo."*

carpetoso: troublemaker
SYN: problemático, hiperactivo
ANT: silencioso, reservado, tranquilo
✐ *La verdad que ser madrina de alguien es algo que se debe pensar muy bien, si el muchacho sale carpetoso siempre baila la madrina.*

casimente: almost
SYN: casi, cerca
ANT: lejos
✐ *Eso está casimente listo.*

chaca chaca: to screw someone
SYN: sexo, relaciones íntimas, relaciones sexuales
✐ *Ellos están en el chaca chaca.*

chamaca: young girl
SYN: niña, joven, chamaquita
ANT: vieja, anciana
✐ *Ella es una chamaca insoportable.*

CHAMACA

chamaco: young boy, kid
SYN: niño, joven, chamaquito
ANT: viejo, anciano
✐ *El chamaco tiene unos gustos muy peculiares.*

chambear: snort cocaine
✐ *Vamos a chambear.*

chele: 1) either you have very little money, or something is worth very little 2)

generic for money, cent
SYN: dinero, centavo, cualto, cuarto
ANT: abonao
🖉 *No tengo ni un chele.*

chepa: good luck, typically concerning a difficult task, a chance
SYN: suerte, buena fortuna, casualidad
ANT: mala suerte, mala fortuna
🖉 *Eso solamente te pasó por chepa.*

chercha: from the English "cheers; to talk about many things with a group of friends; to socialize; to have a good time
SYN: hablar, coro, salir, cherchar
ANT: silencio, reservado, tranquilo
🖉 *Ellos están ahí cherchando y bebiendo.*

chichí: a baby boy or girl
SYN: bebé, niño, niña
🖉 *Tengo tantas ganas de ver a mi chichí.*

CHICHÍ

chichigua: 1) kite 2) slut
SYN: 1) cometa 2) avión, cuero, puta
ANT: 2) seria, sincera
🖉 *1) ¡Diablo! Ya yo estoy como una chichigua sin cola, dando vuelta.*

CHICHIGUA

chilaxing: to be at peace and relaxed

SYN: tranquilidad, serenidad
ANT: ansioso, molesto
🍃 *Estoy chilaxing aquí.*

chilléate: to tell someone to chill out
SYN: tranquilízate, despacio, respira, bájale un do', bájale un cambio
ANT: acelérate, molestado, moléstate, quillate, killate, muévete
🍃 *¡Chilléate mi hermano!*

chilling: to be in a good, tranquil mood
SYN: tranquilo, bien
ANT: mal, molesto
🍃 *Ella está chilling hoy.*

chimichurri: late night platter in the Dominican Republic, usually containing ground beef or pork
SYN: chimi
🍃 *Vamos a comernos un chimichurri.*

chimicuí: 1) a horrible stench 2) something small or very skinny
SYN: 1) hedor 2) pequeño, poca cosa
ANT: 1) huele bien 2) gordo, grande, robusto
🍃 *1) Hay un chimicuí aquí. 2) Ella está como chimicuí ya.*

chin: small quantity
SYN: poco, pizca, porción pequeña
ANT: mucho
🍃 *Pásame un chin de ese pan.*

china: an orange
SYN: naranja
🍃 *Me encanta comer chinas.*

CHINA

chincha: to eat a lot; to be fat
SYN: glotón, comelón, hartón.

🖉 *¡Me encanta comer como una chincha!*

chingar or **singar:** to fuck someone
SYN: sexo
ANT: abstención
🖉 *Vamos a chingar.*

chiripa: occasional work
SYN: trabajo, vocación
🖉 *Me acabo de conseguir una chiripa.*

chivirica: naughty young girl; crazy slut
SYN: loca, cuero, puta
🖉 *Esa mujer es una chivirica.*

chivo: cheat sheet in the middle of a class
SYN: burro
🖉 *Tengo mi chivo aquí.*

chocha: pussy
SYN: vagina, popola, cuca
ANT: pene
🖉 *¡Se le vio la chocha!*

chola: penis
SYN: guebo, pene, ripio
🖉 *La chola me pica.*

chon: a large quantity of something
SYN: mucho
ANT: poco, chin
🖉 *Quiero un chon de eso por favor.*

chopo: trashy; low quality
SYN: ridículo, maleducado, showsero, achopiá
ANT: educado, fino
🖉 *Sabes que eres chopo cuando ves a cualquier extranjero y siempre dices que viste un gringo.*

chorro: a lot of something
SYN: mucho, bastantes, chon
ANT: poco, chin
🖉 *Aquí hay un chorro de talento.*

chort: shorts
SYN: shorts, shores, saltacharcos
ANT: pantalones
✏ *Me gusta usar chores.*

chula: an interesting, fun, normally popular person
SYN: buena gente, popular, interesante
ANT: aburrida, comemierda
✏ *¡Ella es tan chula!*

chulear: to French kiss
SYN: besar, comer
ANT: mirar, empujar
✏ *Quiero chuleármela.*

chulo: 1) cool, nice 2) a lover that lives off of women
SYN: 1) lindo, chévere 2) amante, vividor
ANT: 1) malo 2) esposo
✏ *1) La canción está chula. 2) Él es un chulo.*

churria: to have chronic diarrhea, the runs
SYN: diarrea
ANT: estreñido
✏ *Tengo churria, déjame ir al baño.*

ciguapa: traditional Dominican legend of a woman or man who has his/her feet backwards, hair down to the floor, and lives in the caverns in the mountains
✏ *Acabo de ver una ciguapa en las montañas.*

cingá: to have sex
SYN: sexo, rapar, singar, chingar
✏ *¿Quiéres ir a cingá?*

ción: contraction of the word *bendición*
SYN: bendición, saludos, salud
ANT: maldecir
✏ *¡Ción mama!*

clarinete: ok, it's clear
SYN: está claro

cocaleca: popcorn
SYN: palomitas de maíz
✎ *Quiero comer cocalecas.*

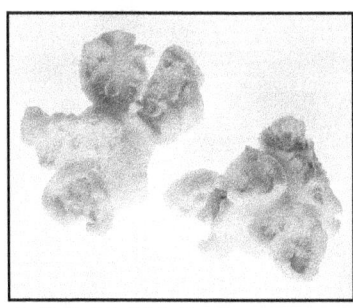

COCALECA

cocotazo: strike in the head
SYN: golpe, galleta, abimbar
ANT: tocar, acariciar
✎ *Me dio un solo cocotazo.*

cocote: 1) head 2) a very ugly woman
SYN: 1) cabeza 2) fea, horrible, bruja
ANT: 2) linda, preciosa, perfecta, agradable
✎ *1) Me dio en el cocote. 2) Ella es un cocote.*

coger gusto: to do something for pleasure
SYN: gusto, placer, disfrutar
ANT: disgustar, odiar, aburrir
✎ *Ella está cogiendo gusto aquí.*

¡cojollo!: typical expression to denote surprise or anger
SYN: coño, mierda, ay, anja
✎ *¡Cojollo! Yo no me esperaba eso.*

colmado: small market that delivers food to your home
SYN: mercado
ANT: supermercado
✎ *Déjame llamar al colmado para que traigan unos huevos.*

comesolo: a selfish person
SYN: tacaño, egoísta
ANT: compartir, repartir
✎ *Ella es una comesola, no quiso compartir conmigo.*

¿cómo tu tá?: how are you?
SYN: saludos, ¿cómo te encuentras?, ¿cómo tu estás?
ANT: adios
✎ *¿Cómo tu tá hoy?*

coñazo: 1) typical Dominican expression to denote anger or surprise 2) to smack another person
SYN: 1) coño, mierda, miércoles 2) golpe, pegar
✎ *1) ¡Coñazo! Más te vale que lo arregles. 2) Que le den un coñazo en la nariz a ver si respeta.*

cónchale or **cónchole:** less profane alternative to *coño*. It is a way to denote anger or surprise.
SYN: mierda, coñazo, miércoles, coño, caramba
✎ *¡Cónchole tu no has hecho nada hoy!*

concho: public transportation vehicle with a pre-determined route
✎ *¡No ombe! Dame ese dinero que me voy en un concho.*

CONCHO

coño: blunt word used by Dominicans that basically can mean anything you want it to mean depending on the context: rage, surprise, happiness, confusion, pain
SYN: cónchale
✎ *¡Coño me dieron el trabajo!*

coro: 1) to be going out, typically in the early stages before a relationship 2) to hang with your friends
SYN: 1) saliendo,

conociéndose 2) amistades, socializar, grupo, corillo
ANT: 1) separados, antisociales, odio, terminados 2) soledad
🖎 *1) Ellos están en coro. 2) Vamos a hacer un coro.*

cotorra: to babble a lot
SYN: disparates, porquería, hablar de más
🖎 *Ella hablo tanta cotorra.*

creta: crude term for vagina
SYN: vagina, popola, cuca, chocha
🖎 *Su creta es bien grande.*

cuarto or **cualto:** any money
SYN: dinero, pesos
🖎 *No tengo cualto hoy.*

cuentista: a person who brags a lot but at the end, doesn't live up to his words
SYN: showsero, jablador, aguajero

cuerería: 1) when a lady is being too slutty with a man 2) place where the prostitutes work, brothel
SYN: cuero, puta, putería
ANT: virgen, sana, santa, tranquila
🖎 *1) Voy a tener que brecharla a usted más a menudo; veo una cuerería ahí que no me gusta.*

cuerno: to cheat in a relationship
SYN: infiel
ANT: fiel
🖎 *Ella me pegó los cuernos.*

cuernú: person who was cheated upon in a relationship
SYN: engañado
🖎 *Soy un cuernú porque mi esposa me pegó los cuernos.*

cuero: can be used to describe a slutty girl, or simply a prostitute
SYN: avión, puta, prostituta
ANT: virgen, sana, santa, tranquila
✏ *Ella es tan cuero.*

culear: spy on, snooping
SYN: acechar, culiar
ANT: evitar
✏ *Para de culearle y háblale.*

culebrilla: a type of herpes
SYN: herpes
✏ *Tengo la culebrilla.*

culo: a person's butt cheeks, informal, often rude
SYN: nalgas
✏ *Ella tiene un buen culo.*

cundango: effeminate, gay person whom the other man penetrates
SYN: maricón, afeminado
✏ *Él es un cundango porque solamente coge él.*

D

dame dato: tell me about something
SYN: decir, informar
ANT: mantener en secreto
✐ *Dame datos de la fiesta.*

dame luz: what's up, what's the news
SYN: actualízame, cuéntame, dime, infórmame
ANT: desinformado
✐ *¿Ha cambiado algo? ¡Dame luz!*

dando canquiña: to screw someone, have sex
ANT: abstener
✐ *Ellos están arriba dando canquiña.*

dando estilla: to screw someone, have sex
SYN: mangar, singar, dando canquiña
ANT: abstener
✐ *Ellos están arriba dando estilla.*

dar brocha: to brag about something, typically by embellishing it
SYN: darle alas, exagerar
ANT: ser humilde, ser sutíl
✐ *Para de darle brocha a tu nota.*

dar cajeta: something that causes problems
SYN: problemas
ANT: soluciones
✐ *Ese carro solo me dio cajeta.*

dar carpeta: 1) unbearable 2) when something takes a lot of work or effort to complete
SYN: 1) insoportable, hiperactivo 2) trabajo, difícil, dificultoso
ANT: 1) tranquilo 2) fácil
✐ *1) Él da carpeta cuando está borracho. 2) ¡Esto si me ha dado carpeta hacer!*

dar cuerda: to bother

someone, sometimes to provoke them into something
SYN: molestar, afanar
ANT: tranquilizar
✎ *Ella le está dando cuerda.*

dar funda: beating
SYN: paliza, golpear
✎ *Me dieron una funda.*

dar mente: I'll think about it
SYN: pensaré, consideraré
ANT: ignorar
✎ *Le daré mente a tu sugerencia.*

dar muela: to woo someone
SYN: seducir, atraer
ANT: repugnar
✎ *Le di muela a Valerie.*

dar tusa: have sex, lay pipe, to screw someone
SYN: singando, raspando
ANT: abstinencia
✎ *Ellos dos se están dando tusa.*

darse hasta besitos: kiss and make up
SYN: son amigos
ANT: siguen peleados
✎ *Se pelearon, pero ya se están dando hasta besitos.*

de caco: headfirst, usually in reference to divers jumping headfirst
SYN: directo, de cabeza, el primero, segurito
ANT: no se, inseguro, improbable, quizás
✎ *Se tiró de caco a la fiesta.*

dema: jealousy
SYN: envidia
ANT: satisfecho
✎ *La dema la está matando.*

demagogo: 1) jealous 2) a liar; one who makes promises and don't keep them
SYN: 1) envidioso, celoso 2) mentiroso
ANT: 1) satisfecho 2)

verdad
✏ 1) *El demagogo ese quiere mi novio.* 2) *Los políticos de este país son unos demagogos.*

desacatao: willing
SYN: disponible, preparado, listo
ANT: ocupado, sin inspiración
✏ *Él ta' desacatao pa' hacer la tarea.*

diache / diañe / diantre: wow, heck
SYN: wow, diablo, que? er diablo, diache, diañe, diantre
✏ *¡Diache que mal!*

dientudo: talkative
SYN: hablador, muela
ANT: callado
✏ *Braulio si es dientudo. Él habla demasiado.*

dime a ver: hey what's up
SYN: hola, ¿cómo estás?
ANT: adiós, cuídate
✏ *Hola, ¡dime a ver!*

disparate: trinket
SYN: relajo, inútil
ANT: útil, valioso
✏ *Este disparate no me sirve de nada.*

dividir con alguien: way of saying that you do not want to talk to that person
SYN: suéltame, soltar en banda, dejar
ANT: ven, abrazar, agarrar, compartir
✏ *Ella me dijo que dividió conmigo.*

E

echa pa'ca: come here
SYN: ven, échate para acá
ANT: vete
✏ *Ella me dijo que eche pa'ca.*

echarle una vaina a una mujer: to mistreat a woman
SYN: maltratar, insultar, pegar
ANT: sobar, eligio, decir un cumplido
✏ *Él me echó una vaina.*

el fuete: oh yeah!
SYN: genial, que chulo
ANT: que mal, no importa, no sirve
✏ *¿Eso pasó? ¡Qué fuete!*

el toto de gela: a really good looking woman
SYN: está buena, está linda, hermosa, divina
ANT: fea, horrible
✏ *Esa mujer está en el toto de gela.*

embullado: smitten
SYN: enamorado, aficiado, embullo
ANT: soltero
✏ *Él está embullado con Carolina.*

en la olla: broke
SYN: quebrado, arrancado, estar en la olla
ANT: afluente
✏ *El gobierno me tiene en la olla.*

enchinchar: provoke, cause a fight by inventing stories or gossiping
SYN: incentivar, encojonar, molestar
ANT: dejar en paz
✏ *¡Mortificadora! Ves mi estado en Facebook que tengo hambre y te pones a enchinchar. No te apure'.*

encojonar: to get pissed off, angry
SYN: furioso, ira, enfurecer
ANT: tranquilo, paz, manso

🖉 *Ese insulto me encojonó.*

esa mujer está entera: pretty woman
SYN: bella, bonita, 'ta buena, hermosa, hotty
ANT: fea, horrible, bruja
🖉 *¡Carolina! Esa mujer está entera.*

eso es un cachú: something that can be done or said easily
SYN: fácil, rápido, sencillo
ANT: difícil, complicado, largo
🖉 *Ese examen estaba un cachú.*

espejo sin luz: phrase to mean something is worthless, ten thousand spoons when I need a knife
SYN: problema, asare, pesadilla
ANT: bendición
🖉 *Esto es como un espejo sin luz.*

esquimalito: 1) frozen or cold juice 2) a popsicle
SYN: juguito congelado
ANT: agua caliente
🖉 2) *A los niños les gustan los esquimalitos.*

estar bruja: without money
SYN: quebrado, arrancao

estar brujo: being elusive, suspicious
🖉 *Mi pana está brujo desde ayer.*

estar chivo: 1) suspicious 2) to be fidgety, alert and on edge about a situation
SYN: actuando raro, preocupante
ANT: mosca

estar de a bojote: filthy rich
SYN: rico, sucio en cuartos, afluente
ANT: pobre, quebrado
🖉 *Me pagaron; estoy*

de a bojote.

estar mosca: paranoid
SYN: atento, cauteloso
ANT: tranquilo
✐ *Es que ya sabes que estoy mosca con los policías.*

estar pasao: you're not cool
SYN: tú estás pasado, tú 'ta atrás
✐ *Esa tipa está pasada.*

estar roto: to be broke, to have no money
SYN: quebrado
ANT: abonado
✐ *Quiero comer pero estoy roto.*

estribillo: rap battle
SYN: rapeando, tirándose
✐ *Hicimos un estribillo.*

F

fajarse: beat someone up, a fist fight
SYN: pleito, pelea, lio
✐ *Él se fajó con mi ex.*

fantamoso: wanna be
SYN: showsero, mentiroso, ayantoso
ANT: honesto, confiable
✐ *Ese fantamoso se cree empresario.*

fariceo: faker, sometimes hypocritical, traitor
SYN: mentiroso, inverosímil, traidor
ANT: honesto, confiable
✐ *¡Qué fariceo eres, buen mentiroso!*

féferes: 1) trinkets 2) genitals, balls
✐ *1) Esos féferes no sirven. 2) Me duelen los féferes.*

felipe: gay, queer, fag
SYN: pajarraco,

marica, maricón
ANT: heterosexual
✐ *Ese felipe tiene novio.*

flema: semen
✐ *La flema es blanca.*

flú: 1) a formal gala dress; from the word "flux" 2) Oh wow, expresses surprise
SYN: 1) vestido, traje formal, flus 2) wow, incredible
ANT: 1) traje informal 2) aburrido
✐ *Flú, que flú más chulo tienes.*

¡fo!: yuck
SYN: hay que bajo
ANT: que bien huele
✐ *¡Fo, qué bajo!*

fogón: fireplace
SYN: barbecue
✐ *Enciende el fogón para cocinar el puerco.*

frecona: beer
SYN: birra, fría
✐ *Pásame una frecona.*

FRECONA

frenando en el aro or **frenar en el aro:** running low on cash
SYN: quebrado, arrancado
ANT: afluente
✐ *Frené en el aro cuando me botaron.*

fucú: jinx
SYN: maldición, mala suerte
ANT: bendición
✐ *Me echaron un fucú por joder una bruja.*

fuetazo: smack
SYN: golpe, trompada, foetazo,

latigazo
🖉 Me dieron un fuetazo por idiota.

fuetiarse: throw something
SYN: pasar, lanzar
ANT: coger
🖉 ¿Fuetiaste la bola?

fui: ass
SYN: culo, nalga, fuyín, fullín
🖉 Mira que fui tiene.

fuiche: anus
SYN: culo, nalga, fuyín

fulano: Joe Blow, some random person
SYN: sutano, mengano

fullín or **fuyín:** anus
SYN: culo, nalgas, fui
🖉 ¡El que inventó el cigarrillo debe tener conectado el fullín con el cerebro; y los que lo fuman, peor!

funda: bag
SYN: bolsa
🖉 Las cosas están en esa funda.

FUNDA

fundazo: smack
SYN: golpe, trompada, dar funda
🖉 Por poco y le doy un fundazo por fresco.

fundillo: rear end, heinie
SYN: culo, nalga, fuyín
🖉 Me duele el fundillo de estar sentada toda la tarde haciendo esta madre.

fuñir: harass
SYN: joder, molestar
ANT: dejar en paz
🖉 Sólo no me fuñas de lunes a jueves, ya el viernes soy más

simpático.

furufa: hag
SYN: grillo
ANT: hermosa
✎ *Esa furufa nunca tendrá novio.*

G

galleta: slap
SYN: golpe, trompada, cachetada, pescosada, pescozón
✎ *Me dio una galleta por hablarle mal.*

gallo: quickie
SYN: rapidito
ANT: duradero, satisfaciente
✎ *Tuvimos un gallo. Él es un gallo.*

gancho: a trick (often trick question)
SYN: truco, sorpresa
ANT: franco, claro
✎ *Hay un gancho ahí.*

garrapela: 1) scratchy throat 2) thong panties
SYN: 1) aspereza de la garganta 2) traje de baño, panties
✎ *1) Me ha dado la carrapela. 2) Esa garrapela es muy finita.*

gato or **gata:** cat

burglar
SYN: ladrón, pillo
ANT: honesto, confiable
✎ *Me preocupa porque ese es medio gato.*

gay: gay
SYN: pajarraco, marica, maricón
ANT: heterosexual
✎ *Es gay y tiene novio.*

gillete: 1) a sharp person 2) razor; from the brand Gillette
SYN: 1) astuto, inteligente 2) navaja
ANT: lento, pendejo
✎ *1) Ese tipo es un gillete. 2) Necesito mi gillete para afeitarme.*

GILLETE

golopón: backstab
SYN: trompada, cocotazo, golpe, cacazo
✎ *Me dieron un golopón cuando me iba.*

GOMA

gomas: tires
SYN: ruedas, llantas, neumáticos
✎ *Se me pincharon las cuatro gomas del carro.*

grajo: stench
SYN: mal olor, sudor, bajo
ANT: fragancia
✎ *Báñate para que se te vaya ese grajo.*

granjero: redneck
SYN: campesino, campuno
ANT: educado

🖋 *Ese granjero no sabe política.*

granos: balls
SYN: bolas, huevos
🖋 *Le dio en los granos.*

grillo: ugly woman
SYN: fea, horrible
ANT: Hermosa
🖋 *Este grillo si es feo.*

gringo: harmless word used to describe Americans
SYN: extranjero
🖋 *Este gringo tiene visa.*

guacal: cage
SYN: jaula
🖋 *Este guacal es frágil.*

guachimán: guard, watchman
SYN: guardia
ANT: ladrón
🖋 *¿Quién vigila al guachimán?*

guagua: 1) bus (can be a car, but most commonly refers to a public bus)
SYN: 1) ómnibus, transporte public
🖋 *Tengo que coger la guagua para ir a casa.*

guamazo or **guamaso:** wound, usually a bruise
SYN: cortada, aruñón golpear, golpe
🖋 *Me di un guamaso cuando me caí.*

guapo: brave, a person with courage and guts
SYN: bravo, coraje, guapetón, valiente
ANT: miedoso
🖋 *Se puso guapo conmigo.*

guaremate: flunky or gopher
SYN: lambón
🖋 *Él tiene su guaremate que le hace los mandaos.*

guayaba: white lie
SYN: mentirita, embuste
ANT: verdad

📝 *Le dije una guayaba para que me dejara ir.*

guayar: scratch, grate
SYN: aruñar; rallar
📝 *Me guayé cuando me caí.*

guayar la yuca: to work on something
SYN: trabajar, pasar trabajo, difícil
ANT: fácil, vagancia
📝 *Ella está guayando la yuca.*

güevo or **güebo:** a dick
SYN: ripio, guebo
📝 *Me pica el güevo.*

güevón or **güebón:** idiot
SYN: pendejo, lento
ANT: astuto, inteligente
📝 *Le robé 15 pesos a ese güevón.*

guindar: to hang something
SYN: colgar
ANT: soltar
📝 *El quitó la camisa y la guindó del techo.*

guindar los tenis: kicked the bucket
SYN: joderse, morirse
ANT: salvarse
📝 *Se tiró del puente y guindó los tenis.*

H

hacer chivo: to use a cheat sheet during a test
SYN: hacer trampa, copiarse
🖉 *¡Pues será hacer chivo porque esta vaina yo ni la entiendo!*

hacer una vaca: skip class
SYN: faltar, ausentarse
🖉 *No entendí matemáticas así que me hice la vaca.*

hacerle el fó: to give someone the cold shoulder
SYN: sacar pies
ANT: invitar
🖉 *Braulio habla demasiado así que le hice el fó.*

hacerse la paja: masturbate
SYN: manigueta
🖉 *Él se hizo una paja.*

haragán: couch potato
SYN: vago, parásito, perezoso
ANT: productive
🖉 *Ese tipo sólo está de haragán.*

hartura: full, stuffed, typically after having eaten too much
SYN: lleno, jarto
ANT: hambriento
🖉 *Tengo una hartura.*

hevi nais: very nice
SYN: muy chulo, muy bien
ANT: muy feo, desagradable
🖉 *Hevi nais. ¿Cuánto cuesta?*

I

indio: softer way to refer to black person, not offensive
SYN: negro
✎ *El nene de María nació color indio.*

isleño: habitant of the San Carlos neighborhood in Santo Domingo

izquierda: to do something illegally
SYN: ilegalmente, irregular
✎ *No te preocupes, que eso lo hacemos por la izquierda pa que no te cueste tanto.*

J

jablador: 1) a person who brags a lot but at the end, doesn't live up to his words 2) liar
SYN: 1) aguajero, showsero, cuentista 2) mentiroso, inverosímil
ANT: honesto
✎ *1) ¡Y que duró dos hora en un tapón. Ese jablador! 2) El jablador tiene que tener buena memoria.*

jalarse: masturbate
SYN: masturbar, tocarse, matarse
✎ *Lo cogieron jalándose.*

jamona: past her prime
SYN: solterona
ANT: casada
✎ *Esa tipa tiene treinta y está jamona.*

jartar: wolf down
SYN: bajar, devorar, hartar
✎ *Me voy a jartar este pollo.*

jarto: 1) full 2) tired from lots of effort in something, worn out
SYN: 1) timbi, lleno, harto 2) cansado
ANT: 1) hambriento, quiero más 2) descansado
✎ 1) Estoy jarto, no puedo comer más. 2) Yo estoy jarto de esta tarea.

jartura: ate too much
SYN: comer demasiado
ANT: estoy topao
✎ Me di una jartura anoche.

JEEPETA

jeepeta or **yipeta:** all-terrain vehicle, usually referring to a Jeep, but can refer to any vehicle with off-road capability.
✎ Esa jeepeta puede subir la montaña.

jeva: 1) chick, attractive chick 2) girlfriend
SYN: 1) muchacha atractiva, chica 2) novia
✎ 1) Esa jeva está buena. 2) Voy a salir hoy con mi jeva.

jevi: cool
SYN: bueno, chulo, genial
ANT: aburrido, malo
✎ Esa canción está jevi.

jevito: guy
SYN: hombre
✎ Ese jevito está bueno.

jevo: boyfriend
SYN: novio, hombre
ANT: jeva
✎ Si fuera tu jevo, yo te besaría.

jodido: 1) broke 2) a nobody
SYN: 1) quebrado, arrancado 2) cualquiera, don nadie
ANT: 1) afluente 2)

51

famoso
✎ 1) Estoy jodido desde que me botaron.

jondear: to throw
SYN: tirar, lanzar
ANT: aguantar
✎ Pablo fue el primero que se jondeó al agua.

joseador: persistent
SYN: persistente, testarudo
ANT: minimalista, no se esfuerza
✎ Él es un joseador hasta cuando no puede.

josiar or **jociar:** hustle
SYN: buscársela, conseguir, resolver, trabajar, esforzarse
ANT: perder, lentitud
✎ Estaba josiando los cuartos con mi mama. ¡Hasta oficio le hice!

jumo: drunk
SYN: ajumado, borracho, ebrio
ANT: sobrio

✎ Tengo un jumo épico.

K

kelowha or **qué lo wha:** what's going on?
✎ Oy, ¿qué lo wha aquí?

kik: what's up?
SYN: hola, que lo que, ¿Cómo estas?
ANT: adios
✎ ¿Hey kik manin?

kikentucky: form of saying hi, or what's up
SYN: saludos, hola, ¿Cómo estas?
ANT: despedir, adiós, cuídate
✎ ¿Kikentucky contigo?

L

la macaste: you screwed up
SYN: lo arruinaste
ANT: correcto
✎ Eso está mal. La macaste.

la quería or **querida:** the mistress. Alternate pronunciation for querida.
SYN: el cuerno
ANT: esposa
✎ Está casado pero tiene querida.

lambío: meddler
SYN: entrometido, fresco
✎ Él siempre está de lambío en mis asuntos.

lambón: 1) a moocher, someone always asking for things 2) ass kisser, kiss-up
SYN: mendigo, lava saco
✎ 1) El lambón siempre está pidiendo. 2) Él siempre está de

lambón con el jefe.

lava saco: a moocher, someone always asking for things
SYN: lambón
✎ Mi hermano es un lava saco de primera.

le dieron canquiña húngara: to screw, have sex
SYN: chingar, singar
✎ La llevaron al hotel y le dieron canquiña húngara.

LECHOSA

lechosa: another word for the papaya fruit
SYN: papaya

✎ Le traje una lechosa a mami, a ver si la quiere.

lembo: big
SYN: enorme, gigante
ANT: chiquito
✎ Ese pan si es lembo.

lengua larga: chatty
SYN: hablador
ANT: callado
✎ Ese tiguere es demasiado lengua larga.

levente: couch potato
SYN: vago, parásito
ANT: trabajador, productivo
✎ Ese levente no hace nada con su vida.

llaga: trinket, specially a useless car or vehicle
SYN: marmara
✎ Esa llaga no sirve.

llamar a Juan: hurl, barf, yack
SYN: con nausea

🖋 *Él está llamando a Juan.*

loco: baked, drugged
SYN: inebriado, ebrio
ANT: sobrio
🖋 *Él está loco.*

locotrón: crazy man
SYN: aloqueteado
ANT: tranquilo, paz, manso
🖋 *Ese tipo es un locotrón.*

M

mabí or **maví:** refreshment made from fermented tree bark
SYN: refresco, jugo
🖋 *El mabí está bueno.*

macana: a stick, large club
SYN: bastón
🖋 *Te voy a dar con la macana.*

MACANA

machete: bad odor, usually beneath the armpits
SYN: hediondo
ANT: fragancia
🖋 *¡Qué machete tiene ese tipo!*

maco: hag
SYN: grillo
ANT: belleza
🖋 *Queria una tipa linda y me dieron un*

maco.

mafundo: fatty
SYN: gordinflón, budusko
ANT: flaco
✐ *Mira, ese mafundo tiene que volver al gimnasio.*

mala frecura: getting frisky
SYN: haciéndolo, mangando
ANT: abstinencia
✐ *Ellos estaban en mala frecura.*

malaria: recession
✐ *El banco está en malaria.*

mama güevo or **mmg:** dick sucker, someone who likes to perform fellatio; could refer to a man or woman, but more frequently refers to men
SYN: mamagüevo, mamabicho, mmg
✐ *Elvio nunca responde, el mamaguevo ese.*

mama bicho: dick sucker, someone who likes to perform fellatio; could refer to a man or woman, but more frequently refers to men
SYN: mamabicho, mamagüevo
✐ *¡Ahh! Ahora te acordaste, mamabicho.*

mami: mommy
SYN: madre, mamá
ANT: papá, papi, padre
✐ *Mami, te quiero.*

mamón: dummy
SYN: pendejo, palomo
ANT: tiguere, valiente
✐ *Él sí es mamón andando con esa tipa.*

manfloro: gay
SYN: pájaro
ANT: heterosexual
✐ *Tiene cara de manfloro.*

manga to': to get everything

SYN: conseguir, buscar
ANT: perder, lento, bolsa
🖉 *Ella mangó to' para nosotros.*

manganzón: a grown up acting like a kid
SYN: gigante, grande, grandulón
ANT: manguito
🖉 *Él es un manganzón que a cierta edad su madre es quien tiene que conseguirle mujeres y comprás pa' colmo.*

mangar: 1) to score something good 2) to have ocassional sex with a woman
SYN: 1) conseguir, encontrar 2) chulear
ANT: perder
🖉 *1) Me mangué el carro. 2) Me mangué esa mujer.*

mangito: midget
SYN: chiquitín
ANT: gigante
🖉 *Tú eres un mangito, ni me alcanzas.*

mangú: typical Dominican dish made with smashed plantain
🖉 *¡Ayer también comí mangú, me encanta!*

manigueta: jack off
SYN: masturbar
🖉 *Me hice manigueta cuando me aburrí.*

manilo: an effeminate man
SYN: amanerado
ANT: muy macho
🖉 *Ese salió medio manilo.*

manque tu or **manquetú:** ugly woman, sometimes black but not necessarily a racist term
SYN: grillo
ANT: belleza
🖉 *Esa manquetú si es fea.*

marchanta or

marchante: merchant, usually a woman, that is out on the streets selling fruit or something similar
✏ *Pregúntale a la marchanta cuánto cuesta.*

maricón: fag
SYN: pájaro
ANT: heterosexual
✏ *Yo creo que él es maricón.*

marmara: 1) rash 2) something useless
SYN: 1) picazón, piquiña 2) llaga
✏ *1) Esta marmara me molesta. 2) Este lápiz es una marmara.*

marpiolo: third wheel
✏ *El siempre está de marpiolo con Alexia y Manuel.*

matarse: to put a lot of effort into something, typically something seen as extremely difficult
SYN: esforzarse, tratar, intentar
ANT: flojera, desistir, vago
✏ *Ella se está matando con eso.*

me comí los libro: to study hard, literally to "eat" the books, tear up the books
SYN: fajarse a estudiar, estudiar mucho
ANT: vaguear
✏ *Me comí los libros para matemáticas.*

me quité: 1) I'm off 2) to leave a place, typically in a hurry
SYN: 1) cuídate, adios 2) irse
ANT: 2) venir
✏ *1) Me quité, cuídate. 2) Me quité de ahí.*

men: mate, buddy
SYN: oye, amigo
✏ *Men, ven para acá.*

meneo: to do something prohibited or behind someone's

back
SYN: en secreto
🖉 Aquí están en meneo.

mengano: some dude
🖉 Dile a mengano a ver si nos ayuda.

meniao: excitable
SYN: acelerado, excitable
ANT: tranquilo, pasivo
🖉 Él siempre está meniao.

menso: dumb
SYN: pendejo, lento
ANT: inteligente, astuto
🖉 Tú sí eres menso.

meter la cuchara: meddle
SYN: entrometido, metidos
ANT: reservados
🖉 No metas la cuchara aquí.

metío: snoop
SYN: entrometido, invasivo
ANT: reservado
🖉 Él siempre está metío.

merengue: typical tropical Dominican music
🖉 Me encanta bailar merengue con Juan.

¡miélquina!: damn!, hell!
SYN: ¡mierda!
🖉 ¡Miélquina! Se me dañó el cargador del teléfono.

mico: a racial slur for blacks meaning monkey

milico: grunt
🖉 Ese milico es esclavo del general.

molleto: ripped, fit, toned usually is dark skinned
SYN: fuerte, grande, musculoso
ANT: flaco, débil
🖉 María anda con un molleto.

moñetusa: long, coarse hair, typically

rough and difficult to manage
SYN: greñúa
ANT: pelo liso
✐ *Tengo el pelo que parece una moñetusa.*

mongolo: retard, not fully developed
SYN: idiota, pendejo, estúpido
ANT: inteligente, astuto
✐ *Ese mongolo no entiende.*

montado: possessed
SYN: poseído, montar
ANT: exorcizado

móntame or **montar:** tell me
SYN: dime, háblame
ANT: cállate, no me digas
✐ *Móntame algo.*

montante: firecracker
SYN: cohetito
✐ *Estoy explotao como un montante de quinto en patronales.*

montro: dude
SYN: pana, hombre
✐ *Montro, ven acá.*

moreno or **more:** dark-skinned
SYN: prieto, more
ANT: caucásico, blanco
✐ *Barack Obama es moreno.*

motetes: 1) junk, stuff together in a bag 2) a guy's balls
SYN: 1) cachivaches 2) genitals
✐ *1) Me voy con mis motetes.*

MOTOCONCHO

motoconcho: motor taxi
SYN: motocicleta
✐ *Ellos son los que se avergüenzan de montarse en*

motoconcho.

mueliar: persuasive
SYN: convincente, persuasivo
✐ *Ahora ella se la pasará mueliando con su mejor estilo.*

muelú: chatterbox
SYN: hablador
ANT: callado
✐ *Él habla demasiado; es un muelú.*

N - Ñ

nevera: refrigerator
SYN: refrigerador
✐ *Pon el agua en la nevera.*

NEVERA

nie: comes from the phrase *ni es un lugar, ni el otro*, the area between the scrotum and anus for a guy, and for a woman the area between the vagina and the anus

nítido: 1) neat, great 2) to approve of

something
SYN: chulo, jevi, bonito, perfecto
ANT: feo, desagradable, perdida
✎ 1) *Esa canción esta nítida.* 2) *¿Entonces vamos a hacer eso? Nítido.*

no 'toy claro: to be confused, unclear
SYN: difícil, incomprensible, dura
ANT: fácil, sencillo
✎ *No 'toy claro con la tarea.*

ñame: a dumb person, usually with no excuse for his/her incompetence
SYN: pendejo, palomo
ANT: tiguere, valiente
✎ *Tú sí eres ñame.*

ñañara: scar from a blister or pimple
SYN: cicatriz, nacido
✎ *Esa espina me dejó una ñañara.*

ñañe: hell no
SYN: claro que no
ANT: claro que si
✎ *Ñañe que no.*

ñapa: bonus
SYN: bono, adicional, añadir
ANT: tumbe, restar, quitar
✎ *Dame una ñapa.*

ñeca: shit
SYN: mierda, un toyo
ANT: algo bueno
✎ *¡Qué ñeca!*

ñema: penis
SYN: pene
✎ *Me encantaría que me besaras la ñema.*

ñoño: mama's boy
SYN: pendejo, palomo, engreído
ANT: tiguere, valiente
✎ *¡Para de ser tan ñoño!*

O - P

ombe: come on, men
✐ *Dame eso, ombe.*

pa'lante: to move on, to leave the past behind
SYN: adelante, olvidar, seguir, continuar
ANT: recordar, estancarse, quedarse
✐ *Vamos a tirar pa'lante.*

pacheco: rainy and cold days ideal to make love
SYN: sexo, amor
ANT: abstinencia
✐ *El día está pacheco.*

paila: big bucket
SYN: recipient, cubeta
✐ *Hay que comprar dos pailas de pintura.*

pájaro: gay
SYN: homosexual
ANT: heterosexual
✐ *Si te gustan los hombres, eres pájaro.*

pajilla: straw
SYN: sorbeto, pajita
✐ *No puedo beber agua sin mi pajilla.*

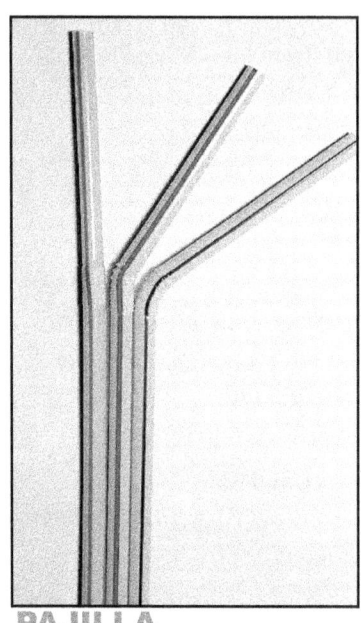

PAJILLA

pajón: messy hair
✐ *Tengo un pajón en la cabeza.*

palillo: skinny
SYN: flaco, Delgado
ANT: gordo, obeso
✐ *Hizo dieta y se puso como un palillo.*

palomo: 1) a dumb, slow person 2) a coward

SYN: pendejo
ANT: tiguere, valiente
✎ ¡Qué palomo es Ángel!

pana: buddy
SYN: panita, amigo, amigazo
ANT: enemigo, desconocido
✎ Ángel es mi pana.

pana full: best friend
SYN: panita, amigo, amigazo
ANT: enemigo, desconocido
✎ Diego es mi pana full.

papita: easy peasy
SYN: fácil, sencillo, disparate
ANT: difícil, duro, una roca
✎ Ese examen fue una papita.

paquetero: liar
SYN: mentiroso
✎ No seas paquetero y dime la verdad.

parigüayo: dummy, dumb

SYN: tonto, bobo
ANT: listo, tiguere
✎ Me gustaría mucho tiguerón, no un parigüayo.

partido or **partirse:** effeminate
SYN: afeminado
✎ Cuando Miguel se pone nervioso, se parte.

partiear: split
SYN: dividir, division
ANT: juntar, combiner

pasola: a scooter
SYN: motocicleta
✎ Pienso comprarme una pasola.

PASOLA

pata: dyke
SYN: lesbiana, pájara
ANT: heterosexual
✎ Le gusta las

mujeres, esa pata.

patana: big truck, 18-wheeler
SYN: camión de arrastre
✐ *Se busca chofer de patana.*

PATANA

payo: spankin' new
SYN: nuevecito
ANT: viejo, gastado
✐ *Esa carro ta' payo.*

payola: buy off
SYN: soborno
✐ *Le di payola para que promocionara Divine Avenger.*

pegao: someone who receives help from the government without deserving it
SYN: lambón
ANT: trabajador
✐ *El vive pegao' del gobierno.*

pegar cuerno: cheat
SYN: adulterio, infidelidad
ANT: fiel
✐ *Mi novio me pegó cuerno.*

peje: fish
SYN: pescado, pez
✐ *¿Qué peje es ese?*

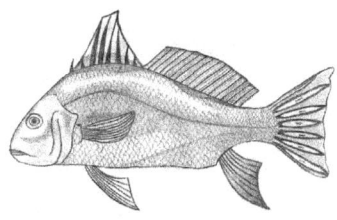

PEJE

pela: smack
SYN: golpe, trompa
✐ *Le dieron una pela anoche.*

pelele: mister nobody
✐ *Mi hija se enamoró de un pelele.*

penca: 1) a leaf 2) big
✐ *1) Necesito una penca de sábila.*

pendejo: 1) coward, although it could be used as idiot 2) something big.

SYN: palomo, cobarde
ANT: bravo, tiguere
🖊 *1) No seas pendejo y háblale. 2) Esa vaina es pendejamente grande.*

pepita: clitoris
SYN: vagina

pescozón: an open-handed slap, usually to the face
SYN: trompa, golpeada, pescozá, bofetada, galleta
🖊 *Le di un pecozón a mi ex.*

petromacorisano: a resident of or someone from San Pedro de Macorís
🖊 *Él es petromacorisano.*

pichi: piss
SYN: mear, orinar
🖊 *El nene se hizo pichi.*

pichirrí: ass
SYN: culo
🖊 *Jajaja, cuando te partan el pichirrí depues no digas.*

pila: a bunch of
SYN: mucho, demasiado
ANT: poco, falta
🖊 *Pedro es un pila de mierda, olvídate de él.*

pinpiar: punch
SYN: trompa, estrallón
🖊 *Pinpié un pana hoy por idiota.*

pique: pissed off
SYN: rabia, molesto, incómodo
ANT: tranquilo, pasivo
🖊 *Tengo un pique hoy.*

piquiña: itch
SYN: picor, picazón, comezón
🖊 *Esta crema me dio una piquiña que me molesta.*

pito: dick
SYN: guebo, pene, ripio

plebe: having an unpleasant vocabulary
SYN: mal hablado
ANT: agradable, formal
🖎 *No me gusta Armando, es tan plebe.*

poloshe: Dominican pronunciation for polo shirt
SYN: camisa

POLOSHE

🖎 *Ponte ese poloshe.*

ponerse guapo: pissed off
SYN: molestar, quillar
ANT: tranquilizar
🖎 *Ese insulto lo puso guapo.*

ponte claro: be clear
SYN: di la verdad, dilo como es
🖎 *Tienes que ponerte claro en lo que dices.*

popola: vulgar term for vagina
SYN: toto

preñá: bloated
SYN: llena
ANT: hambrienta
🖎 *Comí tanto que estoy preñá.*

prendido: boozing
SYN: bebedera excesiva
ANT: sobriedad
🖎 *Estaba prendido el sábado.*

prieto: dark-skinned person
SYN: oscuro, negro, afro-americano, moreno, more
ANT: cáucaso
🖎 *¡Qué prieto tan lindo!*

privar: show off
SYN: presumir, pretender
ANT: humildad
🖎 *Hay personas que*

quieren privar de más maduros de la cuenta.

privón: show off person
SYN: presumido, arrogante
ANT: humilde
🖉 Ese tipo es tan privón desde que consiguió el carro.

puyando: having sex
SYN: singar, raspar
ANT: abstener
🖉 Yo creo que Pedro está puyando, no me contesta.

Q

¿qué lo qué?: what's up?
SYN: saludos, hola, que hay de nuevo?
🖉 ¿Qué lo que mi amigo?

¡qué loco!: awesome
SYN: chulo, jevi
ANT: aburrido
🖉 ¡Qué loco está Halo 4!

quemar: grind sexually
SYN: perrear
🖉 Estuve quemando con mi novia.

quemarse: 1) burned 2) flunk 3) to get drunk
SYN: 1) desacreditado 2) reprobar 3) emborracharse
ANT: 1) cumplido 2) aprobar 3) sobrio
🖉 1) Miguel está quemado en el barrio. 2) Me dijeron que Juan se quemó en quinto grado. 3) Me imagino que

Pedro debe estar quemado a esta hora.

quillarse or **killarse:** pissed off
SYN: encojonado, incomodo, rabioso, quillar, killer, quille, killao, quillate, killate
ANT: tranquilo, paz, manso
✐ *Quiero despertar a María, pero si lo hago se va ha quillar muchísimo conmigo.*

R

rapar: vulgar for get laid, usually refers to a one night stand, although it could imply a casual relationship.
SYN: singar, mangar
ANT: abstener
✐ *Hay madres cuyas hijas están rapando por ahí y piensan que son las más serias.*

ratatá: really cool
SYN: chulo, jevi, excelente
ANT: aburrido, malo, desagradable
✐ *Él es muy profesional en su trabajo. ¡Además se preocupa para que salgamos ratatá!*

rebú: commotion
SYN: lio, desacate, desorden
ANT: orden, estabilidad, paz
✐ *PRD les adeuda 1 millón 500 mil pesos a los dueños de las sillas rotas en el rebú.*

reirse hasta con las muelas de atrás: laugh my ass off
SYN: muerto de risa, malo de risa
ANT: aburrido
✎ *Ese chiste me dejó riendo con las muelas de atrás.*

relajo: prank
SYN: retozo, juego juvenil
ANT: seriedad
✎ *Deja el relajo y ponte serio.*

relambío: fresh
SYN: insolente, maleducado
ANT: educado, respetuoso
✎ *Se puso de relambío con mi hermana.*

retozo: pranks
SYN: relajos, juegos juveniles
ANT: seriedad
✎ *Déjenme el retozo.*

ripio: dick
SYN: guebo
✎ *El único que aguanta gorro es mi ripio con un condón.*

rolo: hair curler
SYN: rulos de pelo
✎ *Mi mamá anda en rolos.*

ROLOS

rosca izquierda: contrarian
SYN: contrario, llevar la contraria
✎ *Entonces, como soy rosca izquierda, la gente anda loca con los Grammys y yo me voy a acostar.*

ruco: 1) ugly, unattractive person 2) man whose heart is consistently broken by unrequited love
SYN: 1) feo 2) corazón roto
ANT: 1) atractivo 2) enamorado
✎ *1) El bebé le salió ruco. 2) Está pasando*

un ruco sufriendo por esa mujer.

rulay: I'm ready
SYN: listo, jevi
✐ *¿Cómo estás? -Rulay*

rullío: term used in reference to a man that is broke
SYN: privón, en la olla, arrancado, quebrado
ANT: humilde
✐ *Ese rullío se cree mejor que nosotros.*

rulo: a type of plantain
SYN: plátano
✐ *Me voy a comer un rulo.*

S

saca pie: left me hanging
SYN: bultero, baboso, lengua larga
ANT: servicial, generoso
✐ *Me dijiste que me ibas a ayudar y fuiste un saca pie.*

salami: lucky bastard
SYN: suertudo, afortunado
ANT: desafortunado
✐ *¡Qué salami ese tipo con esa mujer!*

salir chipiao: ran off, went out quickly
SYN: salir huyendo
✐ *Se asustó tanto que salió chipiao.*

salnicalo: a bird
SYN: pájaro, palomas, cuyaya

salta pa´tra or saltapatrá: stagnant, backtrack
SYN: vago, parasite
ANT: aportador, optimista
✐ *Ese salta pa'tra no*

quiere progresar.

saltacharco: 1) poor, of little value. 2) shorts
SYN: 1) valioso 2) chores
ANT: inútil
🖉 *1) Ese saltacharco no vale nada. 2) Esos saltacharcos se ven cómodos.*

samar or **samarce:** rub
SYN: sobar, acariciar, manosear sexualmente

sanky panky: playboy, usually looking for a foreign woman that will marry him for a visa.
SYN: interesado
🖉 *Ese sanky panky quiere tu visa.*

saranana: rash
SYN: picazón, alergia, rasquiña
🖉 *Tengo una saranana que pica demasiado.*

secas: swollen glands
SYN: dolor de garganta
🖉 *Tengo unas secas horribles.*

seky: playboy
SYN: galán, papi
ANT: palomo
🖉 *Ese tipo es todo un seky.*

sereno: watchman
SYN: guardia
ANT: ladrón
🖉 *El sereno cuida mi casa.*

sevenó: seven up
🖉 *No quiero coca cola, quiero sevenó.*

shoita: drama queen
SYN: showsero
🖉 *Es una shoita cuando se quema en clases.*

showsero: a person who brags a lot but at the end, doesn't live up to his words
SYN: aguajero, cuentista, jablador

singa tu madre: Yo

mama!
⌁ ¡Singa tu madre güebón!

singar: to fuck
⌁ Esta noche fria está buena pa' singar.

sobaco: armpit
SYN: axila
⌁ Límpiate los sobacos, apestas.

sobre horas: overtime
SYN: trabajo extra
ANT: medio tiempo
⌁ Salí a las ocho y no a las seis porque trabajé sobre horas.

soltar en banda: to ditch someone
SYN: sacar pies
ANT: te caigo atrás
⌁ ¡O me atiendes, o te suelto en banda!

suape: 1) mop 2) hammered, wasted
SYN: 1) trapeador, limpia pisos 2) borracho
ANT: 2) sobrio
⌁ 1) Me he pasado el día con el suape en la mano. 2) Ese tipo bebió tanto que tenia un suape.

SUAPE

suburbano: a country person, not from the city
SYN: del interior
ANT: del exterior, capitaleño
⌁ Ese muchacho es suburbano.

suéltame en banda: go away, forget about it
SYN: déjalo, olvídalo
ANT: no lo ignores
⌁ Suéltame en banda que no importa.

T

'ta buena: she is so hot
SYN: está buena, bella, bonita, hermosa
ANT: fea, horrible, bruja
✐ *Ella 'ta muy buena.*

'ta to: okay
SYN: jevi, clarinete
✐ *Ta'to, eso haremos.*

tabaná: slap
SYN: galleta, golpeada
✐ *Te dieron una buena tabaná.*

tajalán: a grown-up that acts like a kid
SYN: tajalón, tajalona, manganzón
✐ *Mira este tajalán como se comporta en el salón.*

talvia or **tarvia:** asphalt
SYN: asfalto
ANT: acera
✐ *Ando por la calle que tiene tarvia hasta la mitad.*

tambora: bass drums
SYN: tambor
✐ *Necesito conseguir a alguien que sepa tocar bien la tambora.*

TAMBORA

tapao: idiot
SYN: idiota, pendejo
ANT: genio, prodigio
✐ *Que tapao ese tipo.*

tarantín: 1) trinket 2) shack
SYN: 1) baratijas 2) tiendita, mercado
✐ *1) Ese tarantín que compraste parece que fue hecho en China. 2) Voy al tarantín a comprar unos plátanos.*

tate manso: chill out
SYN: cálmate, tranquilízate
ANT: excítate, emociónate
🖉 *Juan, tate manso que te noto en alta. ¡Tranquilo!*

tayuyo or **tayuyú:** a guy's dick
SYN: pene, güebo, ripio

te cuida or **te pue' cuidá:** to tell someone in a sarcastic manner to take care of themselves; usually with rude or hostile intents
SYN: vete, déjame, adiós, cuídate
ANT: ven, echa pa'ca
🖉 *Te cuida mi hermano.*

te di luz: told you so
SYN: te lo dije; tu ta claro
ANT: te guayaste
🖉 *Te di luz que te iría mal.*

te guayate: you goofed
SYN: la mascaste
ANT: te la comiste
🖉 *Te guayaste conmigo.*

te la bucate: to get something
SYN: te la buscaste, conseguir
ANT: perder
🖉 *Te la bucate conmigo.*

te la comiste: you outdid yourself
SYN: hiciste bien, te fue bien
ANT: te fue mal
🖉 *Te la comiste con esa presentación.*

te mocharon: 1) when a person takes first what you wanted to take 2) cock-blocking 3) rarely refers to cutting off a limb
SYN: quitar, robar, meterse
ANT: dar, tener, regular
🖉 *1) Él me mochó mi liga.*

te pasaste de contento: you overdid it
SYN: te fuiste en una
ANT: te faltaron pilas
✐ *Te pasaste de contento con eso.*

te subí lo vidrio: I'm avoiding you
SYN: saca pies
✐ *Me caes mal, te subí lo vidrios.*

telkirisi or **teikirisi:** take it easy
SYN: tranquilízate, cálmate
ANT: precipitado, emocionado, exaltado
✐ *Papá, teikirisi, todo saldrá bien.*

tembleque: panic attack
SYN: temblar de miedo, pánico, yeyo, nervios
ANT: tranquilo, manso
✐ *Le dio un tembleque antes de salir a presentar.*

tener el dedo metío en el culo: running low on cash
SYN: quebrado, sin menudo
ANT: abonao
✐ *La crisis me tiene con el dedo metío en el culo.*

tigre or **tiguere:** wise, a street-smart guy
SYN: inteligente, astuto
ANT: pendejo, palomo
✐ *Pero yo como que voy a caer preso por este tiguere.*

tiguere: robber
SYN: atracador
✐ *Cuidao con ese tiguere.*

tiguerito: rug rat
SYN: niño, carajito
✐ *Mira ese tiguerito.*

timbí: 1) full 2) running over
SYN: 1) llenura, explotándose 2) lleno, rebosando
ANT: 1) hambriento 2) vacío

🪶 1) *Comí tanto que estoy timbí. 2) Ayúdame con esa paila que está timbí.*

tipo: guy
SYN: muchacho, hombre, varón
🪶 *¿Y este tipo?*

tirigüillo: 1) dry palm branches 2) skinny
SYN: 1) ramitas 2) flaco, delgado
🪶 *2) Esa es un tirigüillo.*

tiriquitos: jitters
SYN: escalofríos
ANT: placer
🪶 *Esa canción me da tiriquitos.*

titirimundati: everybody
SYN: to el mundaso
ANT: nadie
🪶 *Dile a titirimundati que pasen mañana por mi casa.*

tituá: bam!
SYN: azote
🪶 *Y tituá le dieron.*

tolete: 1) dollar or pesos 2) Jack of all trades 3) penis
SYN: 1) peso 2) el mejor 3) pene, güebo
🪶 *1) Me cobraron 700 toletes por esta porquería. 2) Armando es un tolete en las computadoras. 3) ¡Qué me chupe el tolete!*

toma que lleva: thwack
SYN: golpe, trompa, estrallón
🪶 *Te dieron tu toma que lleva.*

tortillera: dyke
SYN: lesbian, pata, pájara
ANT: heterosexual
🪶 *Esa mujer es una tortillera.*

toto: pussy
SYN: coño, vagina
🪶 *Ya te vi el toto en una foto del teléfono de Pablo.*

toy adelante: I'm in style

SYN: estoy adelante, alante
✎ *Toy adelante con esta ropa.*

toy manzana: I'm chilling out, relaxed
SYN: estoy manzama, manso, quitao
ANT: emocionado, aloqueteado, exaltado

toy quitao: I'm chilling out, relaxed
SYN: estoy quitado, manso
ANT: emocionado, exaltado
✎ *Ya toy quitao de eso.*

tranquilo quieto: chill out now
SYN: manso
ANT: emocionado, exaltado
✎ *Quédate tranquilo quieto.*

trapiar: to mop
SYN: limpiar, trapear
ANT: ensuciar
✎ *Ponte a trapiar el piso.*

tripeo: tease
SYN: relajo
ANT: serio
✎ *Te estoy tripeando.*

tró: a bunch of
SYN: bollo, pilas
ANT: falta
✎ *Me falta un tró de cosas pa' terminar.*

trompa: smack
SYN: golpeada
✎ *Me dieron una trompa.*

tronco: hot mama
SYN: mami, jevita
ANT: grillo
✎ *Mira ese tronco.*

tú lo ´abe: you know it
SYN: tú lo sabes, tú 'ta claro
✎ *Tú lo 'abe que me caes mal.*

tú 'ta cloro: you got that right
SYN: tú estás claro, clarinete
✎ *¿Tú 'ta cloro que vamos a salir?*

tú 'ta omo: you know it
SYN: clarinete
✎ *Tu 'ta omo que eso está mal.*

tullío: crippled
SYN: tullido, incapacitado
ANT: sano
✎ *Tengo 20 años y ya estoy to' tullío.*

tululú: bucks, bills, cash
SYN: peso, dinero
✎ *Pero tu tiguere quiere ir al concierto y son 1,000 tululú.*

tumba eso: forget that
SYN: hazte el loco
ANT: dale prioridad
✎ *Tumba eso y ven acá.*

tumbe: mugged
SYN: atraco
✎ *Me hicieron un tumbe.*

tutumpote: powerful person that does what ever he/she wants, snob
SYN: poderoso, influyente
ANT: arrancado
✎ *No creo que le hagan nada porque ella es un totumpote.*

U - V

uraño: loner
SYN: solitario, antisocial
ANT: amigable
✎ *Él es un uraño.*

urbano: urban, from the capital city
SYN: de la ciudad capital
ANT: del campo, suburbano
✎ *Yo soy urbano.*

vaciarse: to ejaculate, to cum
SYN: venirse, orgasmo

vago: lazy
✎ *¡Qué vago es mi hijo!*

vaina: damn thing, something annoying
SYN: cosa, fastidio
✎ *¿Qué hay con esta vaina?*

vale: yes
✎ *Vale, lo hago ahora.*

vaquetearse: whack off
SYN: hacerse la paja, masturbarse
✎ *¿Qué pasa que no sale del baño? ¿Se estará vaqueteando?*

vaso de agua: an easy woman, the village bicycle (everyone gets a ride), literally "a glass of water"
SYN: cuero
ANT: celebe
✎ *Eres como un vaso de agua.*

venirse: to cum
SYN: garchar
✎ *Me vine.*

vete a 10: take a break, take 5
SYN: manso
ANT: emocionado, exaltado
✎ *Cállate y vete a diez.*

viralatas: a stray dog that lives on the streets
SYN: perro callejero, mixto
ANT: puro

🖉 La perrera esta llena de viralatas.

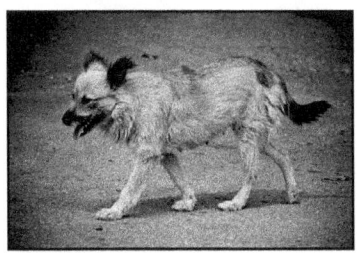

VIRALATAS

vocear: shout
SYN: grito
ANT: murmullo
🖉 Allá Ana está voceando en el cuarto.

W - Y - Z
wachiman: watchman
SYN: guardia
ANT: ladrón
🖉 El mes pasado conseguí un trabajito de wachiman.

¿y a mi qué?: so what?
SYN: no me importa, ¿y que?
ANT: me importa mucho
🖉 ¿Y a mi qué me importa?

yala: okay, sure
SYN: ya va
ANT: no lo haré
🖉 Yala, ya lo haré.

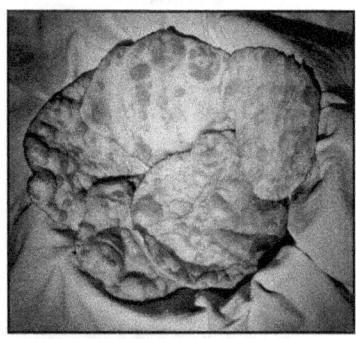

YANIQUEQUE

yaniqueque or **yanikeke:** Johnny

Cakes, a cornmeal flat cake
SYN: frito
✏ *Ese yaniqueque está bueno.*

yatra: I'm going, I'll do it now

yeyo: dizzy, nauseous
SYN: mareo
✏ *Me dio un yeyo y me desmayé.*

zafacón: trash can
SYN: basurero, recipiente de basura
✏ *Todo lo que sobró lo puedes botar al zafacón.*

ZAFACÓN

PHOTOS & ILLUSTRATIONS CREDITS

Pages 3 Presentation. Oval shaped brown coconut by Horia Varlan, on Flickr. http://www.flickr.com/photos/horiavarlan/4268223207/

Page 5 Presentación. Coffee beans photo by Jon Sullivan. http://www.public-domain-image.com/full-image/flora-plants-public-domain-images-pictures/seeds-public-domain-images-pictures/coffee-beans-photo.jpg-free-stock-photo.html

Page 9 Abanico. Public domain image License (CC0). http://pixabay.com/en/house-fan-table-cartoon-electric-33398/

Page 12 Ahorcar. Public domain image (CC0). http://pixabay.com/en/wedding-couple-love-ring-wife-37230/

Page 14 Andar cortina. Empty Pockets By danielmoyle on Flickr. http://www.flickr.com/photos/danmoyle/5634567317/

Page 19 Batata. Breaking the road legs By Oneras on Flickr. http://www.flickr.com/photos/oneras/4695702493/

Page 20 Bembe / Bemba. By Camila Zanon. (originally posted to Flickr as Cherry Lips.) [CC-BY-2.0 (http://creativecommons.org/licenses/by/2.0)], via Wikimedia Commons.

Page 21 Bizcocho. Vegan Chocolate Cake By SweetOnVeg on Flickr. http://www.flickr.com/photos/sweetonveg/5040054370/

Page 23 Breteles. 1944 By Angelo González on Flickr. http://www.flickr.com/photos/ag2r/4769645847/

Page 25 Cabuya. ©Speaking Latino

Page 26 Cachimbo. Chacom By Jack Shainsky on Flickr. http://www.flickr.com/photos/ifyr/406109121/in/photostream/

Page 28 Chamaca. Curiosidad By ruurmo on Flickr. http://www.flickr.com/photos/rufino_uribe/236927475/

Page 29 Chichí. Children By R'eyes on Flickr. http://www.flickr.com/photos/grrphoto/304881903/

Page 29 Chichigua. Public domain image (CC0). http://pixabay.com/en/green-blue-yellow-outside-orange-48752/

Page 30 China. Public domain image (CC0). http://pixabay.com/en/orange-oranges-fruit-food-fresh-1714/

Page 33 Cocaleca. By Renee Comet (Photographer) [Public domain or Public domain], via Wikimedia Commons. http://commons.wikimedia.org/wiki/File%3APopcorn_(1).jpg

Page 34 Concho. Dominican Republic By colros on Flickr. http://www.flickr.com/photos/73416633@N00/340035427/

Page 43 Frecona. Public domain image License (CC0). http://pixabay.com/en/glass-cup-bottle-cartoon-mug-29461/

Page 44 Funda. By Trashy Bags (Own work) [CC-BY-SA-3.0 (http://creativecommons.org/licenses/by-sa/3.0)], via Wikimedia Commons

Page 46 Gillete. Public domain image (CC0). http://pixabay.com/en/cartoon-tool-cut-sharp-razor-29950/

Page 46 Goma. Public domain image (CC0). http://pixabay.com/en/icon-outline-drawing-marks-car-36705/

Page 51 Jeepeta. Public domain image (CC0). http://pixabay.com/en/outline-car-cartoon-vehicles-side-29064/

Page 54 Lechosa. PAPAYA By C.E.I.P. Sambori on Flickr. http://www.flickr.com/photos/45579842@N07/4187619898/

Page 55 Macana. Public domain image (CC0). http://pixabay.com/en/stick-silhouette-police-cartoon-30600/

Page 60 Motoconcho. Dominican Republic By colros on Flickr. http://www.flickr.com/photos/73416633@N00/340039407/

Page 61 Nevera. Public domain image (CC0). http://pixabay.com/en/black-outline-drawing-sketch-white-29345/

Page 63 Pajilla. Trinkhalm.jpg under the Creative Commons Attribution-Share Alike 3.0 Unported license. http://commons.wikimedia.org/wiki/File:Trinkhalm.jpg

Page 64 Pasola. ZION CALGARY SPORTS by MANILA IMPERIAL MOTOR SALES . . . .'s on Flickr. http://www.flickr.com/photos/manila_imperial2/3165350721/

Page 65 Patana. Public domain bild (CC0). http://pixabay.com/sv/transport-lastbil-container-29919/

Page 65 Peje. Croaker By IrishErlina on Flickr. http://www.flickr.com/photos/erlinaart/2100610819/

Page 67 Poloshe. Public domain image (CC0). http://pixabay.com/en/t-shirt-images-shirts-polo-image-13567/

Page 70 Rolos. Young Girls with Hair Curlers - San Jose de Ocoa - Dominican Republic By Adam Jones, Ph.D. - Global Photo Archive on Flickr. http://www.flickr.com/photos/adam_jones/3812990417/

Page 73 Suape. mop By jspatchwork on Flickr. http://www.flickr.com/photos/23126594@N00/1761306942/

Page 75 Tambora. By Qerrek (Own work) [CC-BY-SA-3.0 (http://creativecommons.org/licenses/by-sa/3.0)], via Wikimedia Commons

Page 81 Viralatas. Stray dog By Alex Bikfalvi on Flickr. http://www.flickr.com/photos/alexbikfalvi/3881718401/

Page 81 Yaniqueque. By Ll1324 (Own work) [CC0], via Wikimedia Commons. http://commons.wikimedia.org/wiki/File%3AYaniqueques_2012.jpg

Page 82 Zafacón. Public domain License (CC0). http://pixabay.com/en/black-outline-drawing-sketch-33874/

www.ingramcontent.com/pod-product-compliance
Lightning Source LLC
Chambersburg PA
CBHW071626040426
42452CB00009B/1513